我想養貓,可以嗎?

文 余玉玥　圖 阿諾

台灣展翅協會

打掃時間，小琳和琪琪在資源回收區發現兩隻小貓。

「好想養哦！」

「我也是……。」

一整個下午小琳都坐立難安，一下課就拉著琪琪去看貓。

「如果放著不管，牠們會不會死掉啊？」琪琪有點擔心。

小琳隨手拿起紙箱，把貓抱進去：「先帶回家再說。」

才剛把貓帶回家，爸爸就開始打噴嚏。

「養貓是大事，妳應該先和家人商量的。」媽媽看著小琳。

「可是，如果放著不管，我怕牠們會死掉……。」

「爸爸對貓毛過敏，租房子的時候，房東也不希望我們養寵物。」

「我們去跟房東說說看嘛！」小琳不死心。

「就算只是口頭約定，還是得遵守啊！唉，我們先去寵物店買飼料和貓砂，再趕快找人認養吧！」

第二天，小琳決定趁班會時間請大家一起幫忙想辦法。

「我們昨天撿到兩隻貓，不知道該怎麼辦……。」說完，

全班一陣騷動。

「可以養在班上當班貓，陪我們一起上課！」

「贊成！貓會抓老鼠，以後掃具櫃就不會有老鼠。」

「養貓可以培養我們的愛心和責任心，還可以學習和動物相處。」

大家你一言我一句，討論得很起勁。

「等一等，你們對貓了解嗎？」老師丟出問題。
「養貓不是小事，得先詢問學校，大家也趁這段時間先去蒐集資料。」

「沒問題，我可以去圖書館借書。」
「我可以上網查資料。」
「我可以去問家裡有養貓的朋友。」
「我阿姨是獸醫，我可以去問她。」

就在大家興高采烈地討論時，

小莉怯生生地說：「可是，我怕貓……。」
　「貓靠近妳的時候，我們負責把牠抱走。」

小莉捏起鼻子說：「可是，我不喜歡貓的味道。」
　「我們家有多的空氣清淨機，可以搬來學校。」

小莉誇張地抓抓頭說：「可是，貓可能會有跳蚤。」
　「我們可以定期幫貓除蚤。」

「可是，貓真的會乖乖待在教室嗎？」小莉說完，
大家頓時安靜下來。

晨光時間，邀請到獸醫阿姨講解貓科生態和照顧方式。
「一隻被飼養的貓平均能活十幾年，你們想過畢業之後
貓要怎麼辦嗎？」

琪琪想了想：「這樣聽起來，把貓咪養在學校當校貓，
好像比養在班上適合，可是這需要得到學校和多數同學
的同意。」

下課鐘聲一響，小琳和琪琪就衝去找老師。

「老師，我們想讓球球和小丸子當校貓可以嗎？」

大家已經迫不及待地幫貓取好名字。

「我們想先詢問其他班級的同學對認養校貓的意見。」
小琳十分積極。
「這想法不錯，老師會在校務會議再提這件事，
妳們先等我消息再行動。」

只是，老師並沒有帶回好消息，學校目前沒有經費和人力
可以做這件事……。
「我們可以趁校慶園遊會募款，這樣就有錢養校貓了。」
「愛貓中途之家正在徵求志工，我們可以趁這個機會學習
怎麼照顧貓。」

「我在網路上查到，教育部正在推動『關懷動物生命教育』
計畫，有提供經費讓學校認養流浪動物！」
小琳說：「太好了！那我們趕快開始行動吧！」

認養校貓活動得到熱烈的迴響，全校都陷入一股校貓熱。
小琳和琪琪在教室門口設置了簽名板請大家幫忙連署，
也順便蒐集意見，雖然聽到一些不贊成的聲音，但反而
讓大家提前集思廣益，想出因應的對策。

同時，大家也去愛貓中途之家參觀，學習照顧貓的方法，
本來以為就是去陪貓玩，沒想到光是打掃、清理貓砂，
就花費好大的力氣呢！

看到大家這麼認真地為認養校貓而努力，
幾位輔導老師決定站出來認養球球和小丸子。
老師還在輔導室門口貼了一張志工登記表，
讓同學們趁下課時間到輔導室幫牠們清理環境，
陪牠們玩。

球球和小丸子正式成為校貓！
看著牠們被全校寵愛的幸福模樣，小琳好希望愛貓中途
之家的貓也能過更好的生活，並遇到疼愛牠們的人。
「我們乾脆趁校慶園遊會來幫中途之家募款吧！」小琳
登高一呼，同學們紛紛附議。
大家卯足全勁地叫賣印著球球和小丸子的明信片，
不一會兒就銷售一空，之後更嘗試到街上義賣。

看著球球和小丸子在輔導室前的小花圃安心打盹兒的
模樣，早已超出小琳和琪琪一開始的想像，即便是
小學生，也能發揮影響力呢！她們不由得想，
接下來，還有什麼能讓大家合力參與付出的事呢？

小力量也能有大作為

陳櫻慧 | 童書作家暨親子共讀推廣講師
思多力親子成長團隊召集人

隨著兒童人權漸漸成為社會各界共同關心的焦點，政府及民間單位都希望能讓兒童明白自身的權利並獲得保障，也期待大人可以尊重並傾聽孩子所提供的意見，真正將兒童人權落實於生活之中。台灣展翅協會藉著繪本《我想養貓，可以嗎？》討論兒童人權其中的參與及表意權，以貼近生活的故事，讓我們更能感同身受，示範當兒童提出意見的時候，大人和孩子雙方可以如何更集中意見本身的「議題」進一步討論。

在閱讀這本書時，可以發現以水彩上色的圖像氛圍柔和淡雅，似乎傳達了一種家長和孩子共讀時，對於衝突情節平心靜氣的因應態度，不必劍拔弩張，就能好好解決問題。故事從小琳和同學琪琪發現兩隻小貓開始，從視角原本以貓咪在畫面前面為主角，轉換成爸爸打噴嚏，讀者很容易擷取到圖像訊息——就是，爸爸對貓過敏

啦！顯然爸媽對於小琳養貓的計畫有許多不可抗力的因素必須加以拒絕，也試著合理解釋、說服小琳接受爸媽的決定，看似好像開放性的和小琳討論，但也不難發現其實爸媽心中對這件事早有定見，小琳其實沒有太多反駁的機會。這段過程對於家長來說，是很好的反思，日常生活與孩子相處時，究竟有多少事是看似尊重孩子意見，實則引導他們聽從我們的想法？當然有時運用威嚇也是經常不小心發生的。

於是故事來到班級討論，班導師面對小琳的臨時動議，除了聽取各個同學意見外，也拋出幾個思考的面向，像是學校的同意與否、養貓的基本知識、照顧的責任分配等等。藉由更縝密的切入點，讓孩子從中去解決困難、擬定完整的計畫，在在都提供了大人朋友們很好的做法示範。尤其喜歡小莉敘述自己怕貓的畫面和情節，提醒大家不僅僅要考慮到自己喜歡養貓與否，還必須顧及同儕及他人的感受，練習面對意見不同時的狀況題。畫面有一隻晦暗巨大的貓的形體，小莉顯得是如此弱小無助，更加深抱持同理心的重要性。

不只班貓計畫，小小的啟蒙種子，也可以繼續發展成大作為。小琳運用張貼海報、製作明信片，啟動募集資金來解決經費上的困難，更身體力行到愛貓中途之家當志工，這些具體的作為，有助於孩子確認養貓的信念、體會箇中辛苦，更進一步確立意願。家長們在引導孩子們共讀這個故事時，藉著這個故事，可延續在日常生活當中，當孩子們有天馬行空的想法時，適當引導並給予空間、時間嘗試執行與練習，有助於他們探索自己核心的信念與想法的價值，「過程」所能帶來的成長，都會化作內心能量的養分，透過大人尊重孩子表意的態度和支持，他們才有機會進一步去實踐、體會，我們能做的就是多元面向的思考切入引導與深呼吸的耐心陪伴，看著他們在每個表意與力行的過程中茁壯。

除了故事情節外，從欣賞圖像也能獲得不少樂趣。像是校園許多孩子們形形色色的樣貌，還有他們在中途之家當志工的跨頁，有不同小貓的樣態，都可以藉此和孩子互動，聊一聊、猜一猜，牠們在做些什麼？你最喜歡哪一隻？都能增進親子間的話題唷！最後，從家貓到班貓，再變校貓，小琳甚至和同儕一起為中途之家更多的貓咪們發聲、募款，盡一己的心力，結合大家的認同所發揮的影響力，作者給了這個故事一個激勵人心的結尾，最後校貓得以安全悠哉地在校園生活，就連對貓過敏的小莉，也細膩的交待她遠遠關心著也很滿足的模樣，故事最後順利的照顧與接納了不同意見的存在，遠方的畫面明亮又光明，傳達著有兒童能夠勇敢表意的未來，在大人的聆聽、支持與陪伴下，就是一個充滿力量與可能的明天。

導讀

開展思想自由，解放無限可能
請鼓勵孩子勇敢地說出自己心底的話！

黃鐙寬 ｜ 教育部國教署人權輔導群常務委員
新北市頂溪國小教師兼任學務主任

大家可能都聽過「今日兒童，明日大人」，同理，「今日大人，昨日兒童」。嬰兒時期，當我們還在牙牙學語，許多不清晰或不完整的表達方式都是身旁大人們的細心解讀，去發現孩提時期我們的各種想要或不想要。我們逐漸成長開始練習表達自己的想法，而大人們對我們的想法有不同意見時，您曾得到的回饋經驗是什麼呢？

在生活中，聽到小孩子跟身旁的大人說：「我想……可以嗎？」有時候，會聽到大人跟孩子說：「嗯～可以啊！」這時候，孩子的臉上大多面露笑容。有時會聽到身旁的大人說：「你恬恬（安靜）！你想要？怎麼不問我想不想要？」這時候，孩子的臉上則會出現一絲不快的神情。其實，當孩子心中有話，而且願意將他（她）的「想要或不想要」說出口時，正是他們在整理自身思路，同時與周遭重要他人進行溝通協調的時刻。此時，在孩子身旁的大人們，或許可以把您所認定的答案暫緩說出，把您心中認定的「可以或不可以」暫時保留，試著將跟孩子的對話延續，試著問「為什麼？」因為當我們對著孩子所提出的

意見保有好奇，對孩子所提出的想法願意進一步了解，除了表達我們對孩子人格的尊重之外，也能在對話的過程中，陪伴孩子完善他原本的想法。在不說出「可以或不可以」的互動關係中，先向孩子詢問「為什麼？」可以讓我們更了解孩子的思考歷程與做決定的要件，讓我們進入孩子心裡的世界，貼近他們的思路軌跡，進而陪伴他們發展自我。

我認為，當「教育的機會點」出現時，我們可以將對話放慢，不急著以我們大人的思維直接給孩子答案，因為當孩子說出「我想……可以嗎？」時，正好可以透過對話提問，讓孩子更深入地去思考「為什麼想這樣做？」「這樣做可能會需要解決的問題有什麼？」「這樣做可能會有哪些好的或不好的影響？」「這樣做會對哪些人有影響？」

對孩子而言，家庭、學校及社會都是他們學習的場域。現今，學校的老師們所進行的教育方式也非常重視孩子們的學習歷程，包含孩子們的思考及表達。如今，也越來越少聽到家長

或師長說「我是為了你好！所以你一定要聽我的話去做。」現在的「大人們」越來越願意相信孩子、陪伴孩子，以「尊重孩子的主體性」的教育心態放手讓孩子去嘗試、去思考、去冒險，去克服可能遇到的困難！而正是這樣的歷程讓他們成長，讓他們獨立自主！

《我想養貓，可以嗎？》這一本繪本是將孩子們生活中可能遇到的情境，讓孩子們學習表達自己心中的想法，並跟重要他人一起討論，進而合作解決。當孩子們想做某件事情的時候，心中產生的動力非常重要，我認為應當重視這個火苗。因此，當孩子心中產生想做某件事情的動力，又願意表達的時候，希望邀請所有的大人們一起陪伴孩子，透過討論與對話，支持孩子們的想法化為實際的行動。經由嘗試與體驗，孩子們會更有自信、更有勇氣、更有系統思考、更懂得組織合作，並具備強化解決問題的能力。不論您是家長或是教學現場的教師，都可以拿著這本繪本跟孩子們聊聊，結合他們的生活經驗，如：學校裡的班級模範生票選活動、戶外教育的方案選擇、甚至是談談「公民行動方案」等等。

兒童人權之父柯札克（Janusz Korczak，1878-1942）曾說：「如果禁止孩子吵鬧，就像是禁止心臟跳動。」近百年前，柯札克抱持「沒有孩子，只有人」的理念，相信兒童和成人一樣重要，每個孩子都有權做自己並受到尊重。1989 年 11 月 20 日聯合國大會通過《兒童權利公約》載明任何兒童均享有：生存、發展、受保護和參與等各方面的權利。《兒童權利公約》第 12 條提到，「兒童有表示意見且該意見獲得考量的權利」，在此希望邀請所有人一起重視孩子們的參與及表意權，用陪伴支持與共同討論取代同意或否決，鼓勵孩子們思考與表達，並在做任何決定前充分考量孩子的想法。我相信，重視兒童權利的教育，將是一個國家教育進步的重要指標。

兒童有被傾聽的權利

兒童被傾聽的權利，又被稱為「表達意見的權利（表意權）」或「參與權」，是兒童權利公約的四項基本原則之一，也是公約中一項特殊的權利。公約第 12 條規定，每個孩子都有權在與他們有關的所有事情上表達自己的觀點、感受和願望，而他們的想法必須要被考慮及認真看待。這項權利說明了兒童和少年是其生活中的行動主體，是具有獨立人格的完整個人，有能力參與家庭及社會生活。這項原則也提醒成年人要認識兒少的參與是一種權利，而不是大人給予孩子的許可或優待。

展翅與兒少工作及互動的經驗中發現，不同年齡階段的孩子都不約而同地表示「自己做決定（或選擇權／表意權）」是他們最希望獲得的權利。成年人可能會認為兒少的想法不成熟或擔心他們受到傷害，或認為小孩唸書就好，而主動替孩子決定很多事情。然而，兒少的意見是否被傾聽及能否參與決定，對兒少的發展有著舉足輕重的影響。當兒少知道自己的聲音會被傾聽時，不僅增加安全感和自信心，也會產生歸屬感、責任感，成為更積極的行動者。

而兒少要有有意義、安全和適當的參與，需要成年人的協助。孩子要得到清楚且可以理解的資訊，要有足夠的時間去了解和思考，並且要有導引以幫助他們形成並表達自己的想法。而成年人對兒少的意見，應該要按照其年齡和成熟程度予以考量和實現。家庭是兒少學習和體驗參與最早和最佳的場域，包括家事的分工、休閒活動的選擇、假日的安排等等，在日常生活中建立一起溝通討論和決定的機制，能增進親子關係，兒少的成長發展也將更穩定。學校則是培養兒少參與能力的重要場所，校園事務和同學們息息相關，例如服儀的規定、學生代表的產生方式、甚至校園內應該如何預防霸凌和消除歧視等等；老師們對於兒少參與的認知與開放性，是影響校園內兒少參與的重要因素。社區事務其實也與兒少有關，像是兒少休閒活動空間的規劃，社區文化的發展或復興，大眾運輸的安排等等，也都應該邀請兒少參加，可以拓展兒少不同的參與經驗，並且學習關懷更廣泛的事物。

當聽到孩子嘗試說出他的想法時，不要再用「囡仔人有耳無嘴」或是「你年紀還小不懂」來回應他們。了解孩子的心聲，依著孩子的成熟度和理解力逐步的讓他們為自己的生活做出決定並且負起責任，落實兒童被傾聽的權利，我們需要從現在開始改變態度。

作者 **余玉玥**

1973 年出生於新竹市,世新大學新聞系畢業。
年過 40 忽然想起童年時那個寫故事畫故事的夢想,於是
2014 年參加蘭陽繪本營後開始創作,目前出版的繪本有:
《OKI 醫師范鳳龍》及《愛在公東—錫質平神父的故事》。

繪者 **阿諾**

生理男性中年繪圖工作者
興趣很廣,錢包很薄
想做的事情很多,能做事情的時間很少
人生很難
畫圖比較簡單

童聲系列 9
我想養貓,可以嗎?

文:余玉玥
圖:阿諾

總 編 輯:陳逸玲
編審顧問:江淑文、高柏群、陳櫻慧、黃鐙寬
執行編輯:林晏萱
美術編輯:陳嘉鈴

出　　　版:台灣展翅協會
地　　　址:104 台北市中山區民權東路二段 26 號
　　　　　　4 樓之 5
電　　　話:(02)2562-1233　傳真:(02)2562-1277
電子信箱:ecpattw@ecpat.org.tw
官　　　網:www.ecpat.org.tw
劃撥帳號:17927432

發行總代理:前衛出版社
總 經 銷:紅螞蟻圖書有限公司
印　　　刷:億盛彩藝有限公司
法律顧問:勳業聯合法律事務所　陳貴德律師
出版年月:2020 年 12 月 初版一刷
I S B N:978-986-06028-0-7
Printed in Taiwan
定　　　價:新台幣 320 元

國家圖書館出版品預行編目(CIP) 資料

我想養貓, 可以嗎? / 余玉玥文 ; 阿諾圖. -- 初版.
　-- 臺北市: 臺灣展翅協會, 2020.12
　面 ; 公分. -- (童聲系列 ; 9)
　ISBN 978-986-06028-0-7(精裝)

1.學前教育 2.兒童教育 3.人權 4.繪本

523.2　　　　　　　　　　109021693

展翅官網 QR code